Cuando Dudes, Escríbelo

Cuando Dudes, Escríbelo

LIBRO DE POEMAS

MARK P. MURPHY

Spines

Contents

Introduction

Quiero explicar que los poemas no son todos del mismo momento; la mayoría fueron escritos durante el fallecimiento de mi padre. Este médico consiguió que escribiera poemas en mi tiempo libre, aliviando mi presión por su pronto fallecimiento. Así que algunos poemas son sobre mi familia. Y algunos son sólo sentimientos que tuve de niño al crecer. Otros eran sentimientos de adultez espiritual y de todos los aprendizajes sobre mi fe. La naturaleza de Green Street es sobre un hogar grupal en el que estuve mientras estuve fuera de Riverview. Y Riverview es un hospital en el que estuve mucho tiempo mientras el hospital y la prisión trataban de encontrar las medicinas adecuadas que calmaran mis brotes.

Amor

Madre Teresa

Madre Teresa.
Hizo al amor único, no para uno
Pero para todos.

Mark P. Murphy - 23/8/21

Obteniendo ayuda

Encarcelado

Hablar con mi asistente social

Con ayuda, conviértete en hombre

Mark P. Murphy - 9/9/2021

Ingrediente especial

Unicornios con fuerza
La leyenda dice que pueden hacer
Poderes con su cuerno

Mark P. Murphy - 9/9/2021

Princesa D

Diana de Gales
Tenía un comportamiento tan tímido
y lo dio todo

Mark P. Murphy - 9/9/2021

Divina Misericordia

Santa Faustina Learn

Coronilla de la Divina Misericordia

De la gloria de Jesucristo

Mark P. Murphy - 28/4/24

Primera Comunión

Aprendizaje de Comunión:
Come su cuerpo, bebe su sangre
Ver al que se salva

Mark P. Murphy - 28/4/24

Hombres o ratones ruedan esta unidad.

Incluso los más humildes pueden estar aquí.

Locos es como nos llaman.

Tentando a tontos que no son anormales.

Sólo hace falta una manzana podrida para unos pocos.

Cuestiones jurídicas a debate.

Él sabe que es un hombre en el exterior.

A pesar de que era un hombre en ambos lados.

Siempre a la espera de ser perseguido por esclavos.

El amor entra y se hace cargo de los mansos.

Exactamente el mismo amor del que habla Dios.

Amará a su prójimo como a sí mismo.

En última instancia, el amor viene de Dios ante todo.

Bueno serás para el mundo.

No quiero que el odio florezca más.

Intenta ser amable con los demás.

8

Salva las vidas de las almas del purgatorio.

Oportunidad de elegir para cambiar de camino.

Entiende la vida y Dios es donde estarás.

Mark P. Murphy - 9/9/2021

Jesús vino a la tierra

Jesús vino a la tierra
Escuche quien tenga oídos
Fruto del espíritu

Mark P. Murphy - 27/4/24

Espíritu Santo

El Espíritu Santo vive
Gloria del Padre Celestial
Esta verdad sobrevivirá

Mark P. Murphy - 27/4/24

Esperando pacientemente

Un cuervo negro en el
lado sinuoso de la carretera,
esperando pacientemente, comiendo su carne
atropellada
que ha sido golpeada por un coche que conducía
despacio
en aquella noche de niebla.

La noche anterior estaba nublada
y el coche que conducía despacio golpeó una
ardilla gris en la curva
camino que tan bien conocía

Instintivamente el Cuervo Negro vio
una carrera de ardillas grises regordetas
de un lado a otro de la carretera
el cuervo negro sabía que pronto
habría un animal atropellado

Por lo tanto, el carroñero, como se les conoce,
tendría una comida ese día
en la carretera muerto por un coche que
golpeó la ardilla gris en la nublada
noche oscura.

Mark P. Murphy - 18/8/21

En la Tierra

Dicen que el cielo es el lugar

En la tierra. Cuando tengas maza

En tu cara sabes que es el infierno

En la que estás. Y estás atrapado en una celda

Y acostúmbrate al ritmo del ruido blanco

A dormir. Luego te despiertas turquesa

En tu mente. Te das el tiempo para pagar el precio.

Aprende de tus errores
Que te dan sabiduría desde fuera.
Mantente alejado de ese Jekyll y Hyde
La vida. Pero no guardes rencor a
Amigos. Entonces vuelves a estar a bordo
Del estilo de vida de un hombre con tiempo.

Mark P. Murphy - 9/12/2021

El día que dejó de beber,

El hombre nuevo y mejorado que era

Cada día estaba planeado para una reunión de AA.

Atrás quedaba su antigua vida habitual.

Al principio de su sobriedad tuvo problemas.

Desaparecieron las ganas de beber,

Desapareció la pierna derecha por el alcohol.

Disfrutar de la vida con una sola pierna,

Día tras día llevaba una vida feliz.

Dinero para gastar en sus hijos.

Contra todo pronóstico, logró una larga sobriedad.

Los recién llegados se acercan y escuchan atentamente.

Mark P. Murphy - 8/11/21

Viaje de poder

Viaje de poder. Viaje de poder.
Es la posición más querida
que una persona puede tener en la vida.
Especialmente si la persona lo pasó mal durante todo su
crecimiento siendo acosado. O la persona acosadora
se queda como una persona acosadora para mostrar el
poder
de otros que no tienen control y
están indefensos. Una vez que el acosador ve que
el es Dios, se aprovecha de cada
posible acción que se pueda llevar a cabo
para hacerte ver que las palabras hablan
más fuerte que las acciones de lucha.

Mark P. Murphy - 8|24/01

Allí veo una pluma en el suelo.

J. Giels dice "la noche es el momento adecuado"

Recojo esa pluma, liberada de ataduras

Que digo "el día es el recreo"

Ahora veo que el tiempo de juego está mal

Leí *33 días hacia el amor misericordioso* para

comprender

Pero si soy un vikingo habrá hidromiel

Suelo tener pensamientos que se vuelven imprevistos

La palabra "Yo soy" es una palabra muy poderosa

Lo sé por experiencia propia.

Con todo mi amor intento aburrir

Un agujero en las paredes de mi habitación que se

aburre

Todo lo que puedo hacer es esperar hasta que Dios me diga que se acabó mi tiempo

Mark P. Murphy

La sabiduría de papá

Mira en el pavimento
Ver a mi padre apuntar al cielo
Aprende de su sabiduría
Realidad o memoria
¿Es fantasía?
¿Es real para uno mismo?
Averígüelo en el otro lado

Mark P. Murphy - 9/9/2021

Latidos del Corazón

Oír los latidos de tu corazón

Cada día es diferente, algunos ruidosos, otros tenues

Por fin tu corazón palpita la bella vista

Latido rítmico cuanto más tiempo permanece a mi lado

Para mí, sé quién es

Mejor y más fuerte rebosante de amor

Epifanía que siento apareció mi alma gemela

Mientras llegan lagrimas por verme en este estado

Las lágrimas de ese corazón palpitante se desvanecen

cuando ella se ha ido

Mark P. Murphy 9/10/2021

Campeones

Yo era solo un chico.

Jugando futbol.

Uno a uno.

Él era tan grande como Goliat en ese campo.

Cada día despues de la escuela, nos preparábamos para

el Súper Bol.

Finalmente en ese patio trasero del estadio.

Podía ver esa zona de anotación.

Los montantes detrás de pie grande en Foxborough.

Despues de todos los intentos fallidos para llegar a la

zona de anotación.

Hablé con un hombre con sabiduría, mi papá.

Y luego vinimos a jugar el Bol de los jugadores.

Con la determinación de jugar como el "Tyler Rose".
Logré llegar a la zona de anotación y me pare erguido.
Como el abominable hombre de las nieves con estrellas
saliendo.

Sobre el competidor que había sido superado por un
jugador que uso la sabiduría de su papá
Perseverar y acercarse un paso más a convertirse en un
hombre.

-        Mark P. Murphy   09/06/2021

Vida familiar

Tienes muchas formas en
que mueres mientras eres joven.
Abortada por la familia, pecado viviente.
Arrepiéntete de lo que has hecho.

La vida adolescente no es tan divertida
cuando sueñas vidas de sabios.
Entonces tienes una pistola.
Haces un voto por el cual jurar.

Sin que lo sepas hay un trabajo
para hacer por tu debut,
que implica una guerra de bandas en la mafia.
Rompió su cereza parte de una tripulación.

Finalmente viviendo la vida de la mafia
explorarás un minuto en prisión.
Entonces echas de menos a la buena esposa,
mientras estás en prisión comiendo filet mignon
25

Por Mark P. Murphy

Chica

Esa chica una belleza,

un reflejo de hermosura.

Esa chica tiene agallas,

no llena de basura.

Esa chica no se rinde

algo que ella empezó.

Esa chica es una marca de hermosura,

sus ojos azules como las panteras.

Esa chica me atrae,

como las hormigas al azúcar.

Esa chica será mi arándano

y protégela con fuerza.

Esa chica será mi San Valentín,

hasta el fin de los tiempos.

Por Mark P. Murphy

27

Para bien o para mal

Para siempre dije cuando me casé contigo
Sólo la familia vino a nuestra boda
Realmente que hermosa boda de escopeta tuvimos.

Porque lo decía en serio cuando dije para bien o
para mal
Cada día está lleno de enfermedad, enfermedad
compasiva
Lágrimas van y lágrimas vienen porque aún estás tan
lejos pero tan cerca
El latido de mi corazón crece fuerte al verte
Cada día decaigo lentamente. Sin agua, sin comida.
Carrera hacia el final de la vida.

Por supuesto, quiero ser visto por la Santísima Virgen

Más bien pedir que intervenga por todos mis pecados.

Trabajó duro para ganarse la vida
Hombre original que fui lo hice por la familia
Resultó un amor ido al cielo
La enfermedad acaba con mi vida a paso lento
Todos los días busco a mi alma gemela.

Mark P. Murphy - 9/10/2021

Ambas semillas del odio

Qué vida hay que tener en este mundo.
Cuando llega tu lado de odio
sale de ti. Entonces en un instante una chica
aparece. Ella con todo su maquillaje peina
su pelo. Para lucir elegante como siempre.

El odio se va de la boca
Pero todavía se acumula en el interior
Allí todavía lo oyes de la boca del caballo
Que tomes el giro a la izquierda Clyde.

Luego viene la reacción la palabra es más fuerte
que acciones. Entonces te das cuenta y te preguntas
a lo que te enfrentas en la vida
y quieres hacer la lucha.

Pero que sepas que hay un momento en el que hacer
Eso. Y un tiempo para no hacerlo. La sangre es azul
En el interior. Luego se vuelve rojo lo que hace
Que yo me sonroje y no entienda.

Mark P. Murphy - 9/11/2021

Caminando en el colorido día de otoño con hojas
No me han tocado en toda una vida
Y toda una vida para Dios significa un día
como mil años. Un minuto al día.

Luchar contra esta enfermedad. Donde nunca
puedo diferenciar la realidad
de la fantasía. El bosque un gran camino
para deshacerse del hospital de alto costo.
Autos congestionados en el tráfico.
Capaz de lidiar mucho más fácil en el campo.

Mientras que en el bosque me crucé a un unicornio.
Pálido, cuerpo blanco, hermoso blanco
melena y cuerno puntiagudo que era largo,
recto y afilado en espiral.

Ahora la virgen sabía
Si ella tocaba ese cuerno su enfermedad se
alejaría y ella podría seguir con
una vida hermosa. Así que, corriendo un gran riesgo
Me acerqué al unicornio para tocarle
El cuerno. Mientras me acerqué al cuerno, me sentí
Paralizada y cautivada y mi enfermedad
Se marchó.

Ahora, mientras rezaba frente al
unicornio, mientras que de rodillas, podía sentir el
aire de
todas las direcciones. Entonces, mientras miraba, el
unicornio se transformó

en un Pegaso por conceder un deseo.

Mark P. Murphy - 9/9/2021

34

Purgatorio

El Señor todopoderoso en toda seriedad no nos necesita,
aunque por todos los medios le necesitamos si queremos
vida después de la muerte con los males que llevamos
dentro.
Verdaderamente somos pecadores cuando para
comenzar
despertamos, en cualquier momento del día
a este glorioso mundo llamado Tierra.

Encendemos velas en la iglesia y en casa
para dar esperanza a ese día y
rezamos para santificar nuestras almas
y saltar el purgatorio e ir
derecho a la primera etapa del cielo

para una vida después de esa muerte espantosa.

Mark P. Murphy - 8/11/21

Pared de Ladrillo

Vine a una pared de ladrillo llena de vitalidad en mi sueño. Puedo cruzarla por arriba, por abajo, o rodearla. Solo la atravesaré. Es solo una fantasía.

Puertas

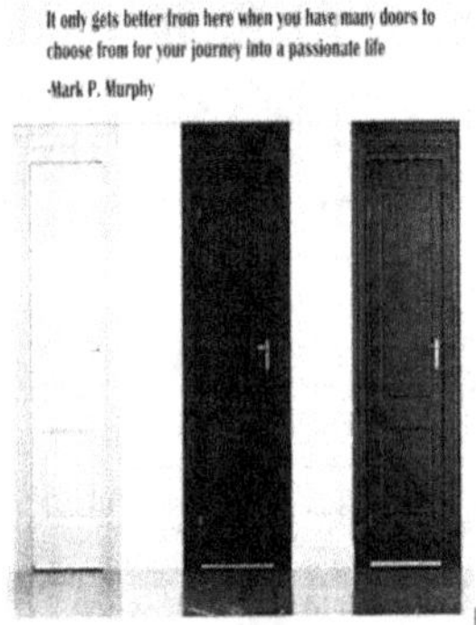

Sólo se pone mejor desde aquí cuando tienes muchas

puertas de

Las cuales escoger para tu viaje hacia una vida

apasionada.

- Mark P. Murphy

En la Vejez

Sus oraciones al crucifijo
Que se responden en el tiempo de Dios.
La creencia de las cicatrices de cicatriz
Cicatrices de tal naturaleza son increíbles....
Que cualquier inmortal tendría ochenta y seis años
Para dar a Jesús ese vinagre y hiel
Así, puede tener esa solución rápida.

Luego volvió a la vida de su transfixión.
Ahora crees en tus oraciones.
Mientras vas con la multitud a entremezclarte
Luego viene el único faraón.
Y toda la falsa política
Jesús dio a cada discípulo un camino.

Un sacerdote lleva consigo la píxide.
Por lo tanto, puede dar la Eucaristía.
En casa pueden conseguir su superfijo.

Mark P. Murphy - 02/01/24

Confesión de Aprendizaje

En su tiempo un sacerdote está predicando
Intenta regalar toda la enseñanza.
Cuando conocí al primer sacerdote
¡Confesarme para demostrar que voy a la iglesia!
Frente al confesionario mientras va y viene
¡Explica todo... el mal de tus pecados veniales!
Al sacerdote le importan menos todas las maldades...
¡Di el ACTO DE CONTRICCIÓN como un aterrizaje!
Reza 3 Avemarías y 1 Padrenuestro satisfactorio.

Mark P. Murphy - 31/3/24

Naturaleza de Greenstreet

Genial es el personal con el que trabajamos...
Los residentes de esta casa acatada por normas...
Incluso si eso significa que el personal da a los residentes
una guía...
Incluso si ocurre un error tomado por minúsculo...
Nunca nos cansaremos de tener al mejor trabajador
social...
Seth trabaja duro para dar a todos un refrescante...
Hay veces que la risa nos hizo llorar...
Realmente todo el personal echa una mano para...
Incluso los residentes saben que el personal no tiene
grandes preocupaciones...
Sobre todo porque sabemos que el personal puede
manejar cualquier problema...

El resto del personal que acude a ayudar también debe
llevarse la gloria...

Mark P. Murphy - 14/4/2024

Laddie

Gentil es el hombre que es sentimental....

Especialmente cuando se encuentra un buen mentor...

Nunca se supo que él juzgara...

Pensando en el hombre que siempre está en el centro...

Enamorada es la persona que cumple dieciséis años...

Agotada estaba la persona que tenía un esquema ponzi.

Muchas personas siempre se vacunan...

Cuando crecía tenía el esquema piramidal.

Nunca se supo que ganaras siendo travieso...

Mark P. Murphy - 24/4/2024

El Aspecto Ganador

Yo King Kong a ese poderoso ratón

Esa pista de entrada jugó todas las temporadas.

De nuestros días primo vecino en esa casa.

Sangre más espesa que el agua unida por espigas.

Puede que no lo haya demostrado, le quería como a un

hermano.

Me enseñó a amar incluso al Bambino.

Me encantan los Medias Rojas y a él los Yankees

esperamos comentaristas.

Su padre el polaco siempre iba al casino.

Por deslumbrante que parezca, todos vivíamos en clase

media...

Cuando ganamos podría haber sido todo glamuroso
Pero en realidad no fue tan victorioso...
Fuimos a restaurantes chinos que es muy bonito.

Mark P. Murphy - 24/4/24

Los sonidos de la fe

Búsqueda despiadada
Viviendo la vida bautizada señor
Uno debe hacer esto ahora

Mark P. Murphy - 26/4/2024

Dientes

Gracias, señor por la vida
Uso hilo dental, cepillo y hago gárgaras a diario
Entonces, para morir con dientes

Mark P. Murphy - 26/4/2024

Rezar oraciones

Estimulante
Es la vida con el señor en verdad
Nunca te defraudará

Mark P. Murphy - 26/4/2024

Señor de todo

Magnífico
Es todopoderoso Jesucristo
El cuerpo es huésped

Mark P. Murphy - 26/4/2024

Los Sueños de mi Vida

El sueño comenzó de la nada .... No puedo recordar el
lugar cuando estaba en prisión.

Y los presos me odiaban porque o traía la paz o me
follaba a todas las

Mujeres. Y pensando para mí mismo que tengo que
matar a alguien para salir. Así que me estaba
preparando.

Para ese día. Entonces un día en la cárcel un grupo de
presos me atrapó en la puerta de salida.

Yo lo veía como un sacrificio, pero en realidad era un
sacrificio por otro preso.

Los presos empezaron a empujarme hacia la esquina de
las cuatro paredes apretando el aire...

Sacándolo de mí. Entonces empecé a estirar el brazo
buscando la garganta de alguien.

Encontré una garganta entonces miró hacia abajo lo
solté porque pensé que no estaba dispuesto a morir.
Se acercó otra garganta, masajeo su tatuaje y la agarró
con fuerza...
Y tiré de él y todos los internos sonrieron. Entonces me
desperté...

Mark P- Murphy - 30/3/24

FIN POR AHORA